Primera edición mayo de 2025

© Juan Miguel Sánchez García
© de esta edición, Editorial Páramo
www.editorialparamo.com
editorialparamo@gmail.com / 646346731

ISBN: 979-13-990156-1-4
Núm. DL: VA 205-2025
Impreso en España – Printed in Spain
Impreso en Estugraf

EL
ÁRBOL
FUGITIVO

Juan Miguel Sánchez García

editorial
PÁRAMO
*
l í r i c a

EL
ÁRBOL
FUGITIVO

A Macarena, a Paula y a Elvira

El instante traslúcido se cierra
y madura hacia dentro, echa raíces,
crece dentro de mí, me ocupa todo, me
expulsa su follaje delirante,
mis pensamientos sólo son sus pájaros.

Octavio Paz

Cuando yo sueño un árbol
no hay nada que detenga
mis ojos
en su otero.

Ernestina de Champourcín

—¿*Ves algo?*
—*Veo hombres: son como árboles que caminan.*

(Jesús ayuda a ver a un ciego en Betsaida;
lo cuenta el evangelio de Marcos)

Agua en las aguas busca, y con la mano
el árbol fugitivo casi toca

Juan de Arguijo

I

JUNTO AL TALLO DE LA MAÑANA

Desde la ventanilla de aquel tren
fuiste como el viajero que miraba
un árbol fugitivo…

Sebastián Amador Jofré

Amanecer

El árbol detrás
de la ventana pasa.
Juan Gelman

¿Puedes oír la semilla que crece?
Brota despacio, surge desde lo hondo,
y en el instante rompe; se ve que anda,
sus pasos salen de la vena herida,
como un reflejo de lo que le falta al alma.

Pasa el árbol en fuga, alguien lo mira atento,
en medio del previsto caos de la madrugada,
        una luz asoma bajo la puerta
—cuchillo de horizonte—, o tal vez solo sea
otro comienzo hecho de poemas, miradas,
quizá una vida que no se inscribe en ningún círculo.

        Sale indemne del arco del silencio,
tras un sordo naufragio, flotaba entre las hojas
de la noche —buscó las dudas
y descubrió palabras—; un oficio de misterios
habita en la pregunta:
¿qué, o en nombre de quién, la vida, el mundo, tú?

Mañanas de mañanas

El hombre, árbol de imágenes
Octavio Paz

En los primeros tiempos escuchó:

«Cuando inicie la luz
y los nervios del árbol
enciendan las bengalas... »

Más tarde, entre las hojas, también supo
comprender una voz:

«Invoca a los perpetuos
fantasmas de su infancia».

Creció en bosques de imágenes y atento
al anclado mástil que se escapaba
cargó con cavidades, buscó la firme música
y en medio de su alma algo le repetía:

«Si quieres que todo aquello resista,
que se llene de sentido, y con afán,
se refleje en tus días,
inténtalo, que sea uno ya para siempre.»

Meditó en el cerebro tembloroso del agua,
como quien rumia ramas tatuadas en un líquido,

y recibió descargas de savia que decían:

> «No hay más remedio que hundirse, para emerger,
> con una nueva vida,
> del fondo de las oscuras y viejas
> mañanas de mañanas.»

Breve ilusión de un día

Mariposa de luz, (…)
¡Solo queda en mi mano
la forma de su huida!
Juan Ramón Jiménez

Era para los griegos
el símbolo del alma.
Ahí está, ¿es otra o la misma?
Se derrite y apremia al nuevo día,
vuela el atlas del mundo,
y traza un laberinto de ignorancia,
rodea el árbol, quizá lo busca y no lo sabe.

Mira su ala, ¡parece tan absurda!,
resulta extraño que fuera otra cosa torpe,
una masa lenta, y ahora se impulsa,
¿será aire que mueva el aire?

Se ejercita en una insonora y dulce
brevedad, nueva forma y alto vuelo, el imago
no tiene otra razón:

dejarse ver y dar vida, cumplir su misión
con una exacta regla, después nada…,
¿o antes todo? ¿acaso lo sabemos?

El cuerpo en otro inicio

Pasamos nuestro tiempo en charlas, en locuras
y en sueños (…) y luego volvemos a caer de bruces
sobre nuestra vida presente, y, en definitiva,
nos sentimos tristes como cadáveres.

Gustave Flaubert

La noche, cuando empieza,
lleva sabor de indulto,
toda una vida entera por delante
y una infancia que vuelve con el árbol de sueño;

alguna vez se instala el vértigo de lo eterno
————el tipo de delirio, o el instante de química
que a todo desafía——,
un narcótico dulce, microscópico,
como la mica entre el esquisto brilla.

Pero al final, sobrevivir a esas noches fieras,
ver la raya del alba,
descerraja el dolor que da la sangre
con su raíz de tristeza:
el cansino ritual del tiempo en círculos,
la pereza insufrible de un presente animal.

¿Debería rescatar del pozo mi cadáver?

Presentimiento

Cuando miras un árbol y ves un milagro,
entonces, por fin, has visto un árbol.

Anthony de Mello

¿Seis mil metros? ¿Cuatro años? ¿Diferente consciencia?
Sé que está en el mundo, lo presiento,
me enloquece saber y no buscarlo,
pensar la distancia que nos separa

Y derroto en la fe de sus encuentros
cuando halo de los hilos de otra historia hundida,
trato de llegar, a cada instante, a ese árbol
que huye con los huecos del pasado,
procuro despertar, mirar al verde que brota:
era mi apuesta en el casino de cada día.

Y esperé ser, en mí, árbol que brilla
de realidad, materia de un espíritu
ajeno a toda lógica,
emprender el sonido de lo próximo,
soñar inerte hacia la luz vieja de la noche.

Unido a la sustancia, que eres tú,
no me consigo ya de otra manera
    —inmersa piel en la profundidad de mis calles—,
sino con la presencia que me llague.

Nudo de red

Intrincado y denso es el bordado de las circunstancias.
Wislawa Szymborska

Desde la playa, el mar inmenso abre
su azul verde metálico; lo mira asombrado
y el sol bebe su piel y los barnices;
una brisa lo arropa, y el olor a eucaliptos
quizá vino de otra constelación.

Cierra los ojos, siente que aquel guiño pudiera llegar
de la orilla del río, de los monos,
sobre árboles, hace siete millones de años,
y si mueve la arena de ese modo
contribuirá al derrumbe de un talud que descubra
un extraño mineral en un lejano planeta.

De vuelta a su casa, cruza la calle,
ve a alguien que camina bajo sombras de tilos,
en músculos y fauces, el deseo a esa forma
sale de sí, —voraz, e irreprimible, fruto del segundo—
no tiene en cuenta ni el plomo del dolor,
ni la vejez y muerte que yacen en su vida.

Siente que cuanto cruza en el instante,
otra vez es devuelto, sin saber apenas
que vino de aquel mar, que es punta de aguja en la
                                                    memoria.]

La mirada crece en el árbol

Sabemos plantar miradas como árboles.
Vicente Huidobro

Se avino a ser mirada de un corazón repleto
y a la voz permanente de los ojos,
recibía la paz de no saber
en la copa de su ciudad.

Sin miedo, jugó a encontrarse
con los globos; el golpe en el aire,
al chocar, era incendio, y llenó
de explosión un olor
que recubría el bosque de sus venas en pie.

Poco después, pasó el estallido y alejándose,
    con las cuencas vacías y el sopor de la lluvia,
olió los ojos verdes de la luz vegetal.

La selva dulce de las armas
    candentes como flores,
        y una lengua de savia, le subían.

II

RAMAS EN EL AGUA

... en mi pecho
hunde raíces de agua un árbol líquido.
Octavio Paz

Escena en la playa de Torrenueva

Abrazados y semejantes a árboles mojados.
Julio Cortázar

Estas niñas, agotadas de tanto jugar,
dejaron la pelota en la playa, y posaron
como una flor de magnolio: se abrían de olor,
riendo, fugaz, el fruto de su vida.

Y luego corrieron a beber en la pantalla
      —el espejo de doble sangre lúcida—
lo que eran solo unos segundos antes,
cuando posaban quietas en la orilla,
sin nada más que ser, para un recuerdo;
un instante después quedaron
      —hermosas, divertidas, luz por dentro—
presas de aquella eléctrica memoria.

Apenas sin propósito

*… huyen los árboles. Su fuga
va creando avenidas que caminan.*
R.M. Rilke

Ella piensa cuando marcha al trabajo:
«no, no es verdad, mi suerte no está echada»

De nada vale descifrar las hojas caídas,
 o los posos de las estrellas, bajo los lagos
 en la noche, o los brotes cuando vuelve…
De antemano saber eso que será no es cierto,
acaso todo fuera una ciencia prestada.
  ¿Qué misión es la suya?

¿Y a quién pensar con la palabra exacta?
«Cualquier destino, —va mascando mientras camina—,
 nace de mi carencia y resulta decisivo»
Y es todo lo que debiera aprender.

Tal vez pueda cambiar. Las raíces también vuelan
 «daría semillas lejos,
 allí donde el ayer me salve».

En otros territorios, bajo otros árboles,
orientada entre sombrías calles sin control,
confiaría en todo
lo que ya no se mide ni se cuenta.

Respiración

> *El árbol se inclina*
> *hacia su imagen*
> *en el agua en reposo.*
>
> Paul Valéry

… el instante es un punto pronunciado del lago
al que se va desde todas las partes,
con todos los torrentes desmedidos…,

sintió la que eso escribe, y pensó
que la vida se concentra en un instante

… un lago que refleja todo el cuerpo y el árbol
que luego borrará con bruscas ondas…

escribió, después guardó su carpeta,
se levantó de un banco, en ese parque
donde conspiran álamos y plátanos,
y en el que siempre solía esperar su llegada

ondas concéntricas que estallan
en fuga sin raíces, como viaje de abejas,
cuando pisaba el agua del instante.

Higuera frente al mar

Todo cuanto deshizo antes la luz
la tarde lo perdona,
   —¿quién puede afirmar que no es el momento
en que comienza el día?—

Es el principio de pensar en nada,
vacío de ayer, de costumbre, de muerte,
   ¡los tocones huecos de tantas cosas!

Esperaba la paz, hojas de niebla
que infundían en la taza del ser,
la tarde atravesaba, en medio de la vida,
su costado, poblada de abandono
   la tensión baja por una nube baja, y enfrente
de su salado tronco, como unas lenguas ásperas,
solo mar, y su arrítmica estructura.

                    Un disparate sin ganas
la envuelve, y siente que puede ser otra,
alejada de un aire que no seca,
la higuera de la tarde se escabulle
y ya siente la piedra arenisca en sus pies,
las galerías por donde sus raíces viajan.

Consciencia y medusas

Me poseyó la playa con las torcidas palmeras…
y yo amaba todos los libros
                                        Adolfo García Ortega

Para martirio de bañistas, muertos
de miedo, acongojados por la plaga,
    —*hiel de dragones en su vino viejo,*
    veneno de áspides insanable—
los diminutos huevos fritos, aguas cuajadas,
    carabelas que en verano herían las orillas,
se lanzaban suicidas a los cuerpos.

De ahí que los vigías, tras su atenta mirada,
izasen las banderas de advertir la batalla.

Mientras, se ocupaba de leer
a Juan de la Cruz y anotar imágenes
sin ton ni son: presencia que es ausencia,
    como los ojos que no son ojos en el agua…

Y aunque lleno de noche oscura, de vez en cuando,
sintiera el picor de una medusa,
unido a la palmera, contemplando aquel mar,
un silencio brotaba en su consciencia.

Tentación en el agua

… los árboles parecen muchachas dormidas de pie.
Jaime Sabines

Con la espuma fundía
un remolino de ansiedad azul:
era el cuerpo, como un imán
que enloquecía la brújula.

Joven, la piel tan tersa se dejaba
suscitar por el agua y despertaba
los mandatos de fabricar la vida,
ardientes los deseos de la hembrilla y el machete,
en medio de absurdos reflejos y salpicones.

Deseó que hubiera sido verdad y haberlo dicho,
    que fue una tentación que se estrellaba
contra una plancha de acero —fuerza tranquila
    como ballena que le acompañara—,
        … y, sin embargo, ¿para qué mentir?

Lejos ya de la escocedura
el árbol descendía por poniente.

Canción de quien mira hacia atrás

A orillas del Leman me senté a llorar...
T.S.Eliot

Como sé que ya nunca iré en su busca,
    —tampoco nadaré desde Lisboa a La Habana—;
como sé que no he de besar su boca
allá en dos mil sesenta,
miro hacia atrás:
        recuerdo la dulzura en su piel,
    el incendio voraz y provocado
        que prendían sus ojos en mi espalda.

Sé que no llegaré jamás
            —el mar
    es un pasado peligroso y denso—
a esa distante orilla.

III

INJERTOS DE MADRID

Cortada está la rama que hubiera podido crecer recta,
y quemado está el brote del laurel de Apolo
que antaño creció dentro del hombre sabio…

Paul Valéry

En el parque del Oeste

Un árbol es en sí mismo
una oración a la esperanza
Raquel Lanseros

Siguió una carretera que de pronto moría
    en un aserradero de montaña;
detrás de un bosque de hayas y robles,
por sorpresa, el aire susurraba
una imagen de fría soledad:
una cabaña cubierta de niebla.

De vuelta a la ciudad, anduvo por un camino
entre álamos y prunos, isla urbana
de citas sin sosiego, para tejer
bancos ocultos que cuelgan de las verdes sombras,
en el anochecer, bajo las ramas.

Allí también podría ser la misma
ilusión o el mismo miedo, temblor
con eco de palabras, madera que recuerda
    lo que no deja: una especie de música
      que eclosiona, la fiel canción
      que, como injerto de árbol, se unió a otro cuerpo.

Libro y cita

En el patio
de la casa en ruinas
el viejo árbol
sigue dando frutos.
Alejandro Jodorowsky

Se le ve solitario en la balda
   —como una hoja de arce
  en medio de una pradera es expresión del viento—,
el libro: una antigua edición,
junto al viejo reloj entero aguanta,
  —breviario del amor, de Jules Guyot—.

No voy a recordar el auténtico motivo
de su íngrima presencia en mi casa.

Nos quiere dar consejos
en torno a la experiencia del amor,
y bullen, hacia su orden manual,
palabras de mitad del diecinueve:
clítoris, pene, espasmos genésicos,
"mariposa" —cita a Fourier—, dedos y caricias;
la mujer tiene tanto derecho como él
a las sensaciones voluptuosas del amor.

Solo anoto el placer de acariciarlo,
y el olor de sus hojas de árbol vivo,

el brillo mate del cuero, y sus nervios,
la unión con el pasado, otras manos
que a través de su lomo hoy me llegan.

Por último, resalto dos detalles:
la nota manuscrita en la primera página:
"siempre como el primer minuto",
y una esquela, doblada y amarilla,
con la fecha, la hora y el lugar
para una cita, en un antiguo hotel de Madrid.

Modelo sobre la pasarela en Joy Eslava

Hice mi nido en la imaginación, como quien se
procura un refugio en un árbol cualquiera
Jorge Boccanera

Ajena a la revuelta que produce en los ojos,
sobre sus bordes íntimos
que aquellos observan…,

indiferente al uso de su cuerpo,
los mirones que absorben su imagen superpuesta
en los escaparates…,

lejana a lo que hicieran en la mente
con su piel, confundida entre la noche,
su figura estremecida que nubla…,

se cambia e interpreta —como una sombra rítmica—
un cuerpo, consumido en el negocio de sueños
y deseos, mientras el tiempo ondulado y cínico
                —el ingeniero de árboles—,
la persigue de cerca.

Crónica del viejo Madrid

Eran una sola cosa en la noche:
un árbol y un hombre que se comprendían juntos;
una serenidad que no se olvida.

Antonio Gamoneda

Quizá de nada sirve que lo cuente,
no hay segundas intenciones ni moralejas;
hace ya de esto un tiempo
en un apartamento de Madrid:
dos jóvenes, australiano él, ella alemana…,
pudo ser una mala combustión,
     —quizá un calentador de gas butano—.

Cuenta la crónica que estaba él en la cama
mientras ella se encontraba en la ducha,
no se conocen más detalles que éstos;
tal vez fuese una historia más de amor
en la vieja ciudad; los imagino
celebrando el encuentro,
puede que se llenaran
uno del otro, derechos a un árbol de vida.

Y respiraron ese sueño dulce e imposible
de un bosque que ha ardido,
como una uña sucia
hurgando en un ventrículo.

Confundidos, se fueron escapando,
      eternamente quietos,
como son los movimientos en las pesadillas,
hasta ocupar la piel, gastada y fría,
que esperaba inconsciente sobre el suelo.

Los veo, sin más, como una triste historia:
      pienso en las ocasiones en que he muerto
      después de ser feliz.

Cruce sin paso en Atocha

El cielo tiene playas donde evitar la vida
y hay cuerpos que no deben repetirse en la aurora
Federico García Lorca

Las diez, miró el reloj, vio que el tiempo
cruzaba sus membranas, y la luz se le hundía,
pensó en aligerar sus vastas cuentas
ahorcando entre sus ramas un vaso de ginebra;
miró, sin interés, alrededor,
empezó a anotar con su pluma y un cuaderno:
una canción de Queen, *Quiero ser libre,*
el placer de fumar un cigarrillo sin marca
en la puerta del bar, un álbum de Mago de Oz,
    —*¡bienvenido a la ciudad de los árboles!*—,
la noche vengativa e iracunda,
    —asesinato de Lucrecia Pérez—,
la crisis económica de nuevo;
quizá cambiaría todo por goma de mascar besos
sin *llámame algún día;* el tiempo y los poemas,
la soledad, la urgencia, ¿las seis de la mañana?
Pero no pudo ver lo que decía la luz,
y al poco aprendió a caer; sonó como al talarlo,
su cuerpo en la cuneta de la barra,
    cuando avanzaba el tren de su pasado
    —quiso cruzar en horas bajas—,
ajeno a la vida.

Peluquería de Chamberí

J'irai là-bas où l'arbre et l'homme, pleins de sève,
se pâment longuement sous l'ardeur des climats.

Charles Baudelaire

Como una selva oscura cruzaba el cuero con sus manos;
sus dedos se frotaban contra la tierra dulce de piel,
y eléctricos correos enviaba, llenos de sueño.

Llegaron luego lluvias torrenciales:
templado el aguacero fue arrastrando los restos,
las hojas o las cáscaras, las células muertas,
el aroma de las prensadas frutas
del champú sobre un ruido de catarata.

Después, la peluquera, blandiendo las tijeras,
le hablaba con acento colombiano
y los hábiles dedos de excursión
cumplían con su oficio
decapando las cuerdas de los pelos (hasta el último
                                    está contado).]

Vio su cuerpo que se dejaba caer hacia afuera,
oyó palabras absurdas, dormidas,
y se asomó al vapor, contra el espejo,
para entender el gesto de esa poda:
     adiós a lo que creía que era,
          a Dios, porque ya se niega a sí mismo.

Descartado en Usera

L'home sol anar al bosc a recollir
els troncs caiguts després d'una tempesta.
Joan Margarit

El sol, tarde, se ahorra en la alcancía
y entre los montes cae —quizá las sombras disfrutan
    de la fuga del astro incandescente—,
hundida el ascua bruta que se estrella
en la tierra lejana,

así, cuelgan las ropas en la alcándara,
heridas por la luz después de cubrir la piel,
sin brillo, desgastadas, poco útiles
para su desempeño, relevadas
por tejidos ligeros, con engaños,

igual que ese viejo almacén deviene
morada inmóvil, preso y condenado
a la chatarra, el coche, lo que fue
un ingenio de rápidos lugares,
será deconstruido, ya sin juego,

del mismo modo él, en su retiro,
rendido el almanaque de su útil
dedicación al puesto de trabajo,
absorbe, con el cuerpo aún con fuerzas,
la atonía de verse descartado.

IV

RAÍCES AÉREAS

Pero lo que uno ve no es nada
frente a las raíces, las dilatadas las que reptan ocultas
en inmortal o semimortal
sistemas de raíces.

Tomas Tranströmer

"Anclao en París" (tango)

Por mucho que parezca que nos habla,
está callado el árbol.

Eloy Sánchez Rosillo

No he querido saber el nombre de esa ciudad,
en ella estaba al borde de un extraño
mundo que conocía:
fue construido en espejos que son libros,
en palabras francesas y españolas
que llevaba conmigo
        —las personas del verbo entre las flores del mal—
cuando fui la primera vez,
con diecisiete, buscando el árbol de la vida,
y, sin embargo, callado en mitad de las manos.

Notaba olor a nubes
que fueron de otro tiempo;
salté por adoquines como si fueran ascuas
arrancadas en fiestas de algún mayo perdido,
y un gran río, a mi lado,
llevaba hasta un lugar muy lejano la memoria;
cruzan por mí, esas íntimas calles, como entonces,
        que inventan las personas y los árboles,
las que no pueden quedar vacías si las miro
desde la misma página de la madrugada.

Mas nunca quise saberlo,

y aunque imagino el nombre ¿de qué sirve?,
        —¿será con aguacero y en abril?—;

ahora lo sé, voy caminando por sus aceras, los llevo
        —canales entre nubes, sombras de luz de labios,
            zapatos inundados de reflejos—
vaya por donde vaya.

Notas en Ljubljana

Ansioso de crecer, miro afuera,
y dentro de mí crece el árbol
R.M. Rilke

Al fondo de los ojos de ese río,
que fue la tarde, se mira la ciudad
que pasa por debajo
de los puentes, cruzando la ventana,
y unos álamos cambian de orilla en mi memoria.

En el hotel se citan
los que huyen de su casa, también la cena
anual de congresistas, algunos encuentros de negocios,
la extremada soledad en cada habitación:
aromas que se extienden como semillas de árboles.

Todos juntos: olores que se hospedan
en mi ropa; al fondo de los ojos, la tarde
forma un hueco de obscuridad sonora,
el tiempo se escabulle y repta entre mis piernas,
y me siento pasajera
luz que quiere contar lo que le ocurre,
o tal vez solo un árbol que huye del propio bosque.

Barra de bar (*en Asia de Cuba, diseñado por Philippe Starck, en Londres*)

Hay un dolor de huecos por el aire sin gente
Federico García Lorca

Da un trago de ginebra y ve su propia sangre,
se entrecruzan los líquidos, se mezclan como espesos
bosques.]

Recorre la distancia entre el pozo y su boca y
le sorprende la cáscara inquietante y la noche
que escupe desde la copa del árbol,
un silencio desprendido de alas.

Así como en las páginas de un libro
pudiera haber recuerdos que son suyos,
ese lugar le dice —instantes de otra vida—
que antes ya estuvo ahí;

y aunque nunca nadie le reconozca,
en aquel escenario, es consciente del aire
      —del paisaje y la atmósfera—,
sabe ya que su existir
fue, será, muy distinto
por alguien, y por algo que entonces encontró.

Apuntes del Indian Café (*en Boulevard Montmartre*)

> *Lo importante*
> *es aceptar la tierra del exilio,*
> *crecer —¿no crece el árbol?—*
> *en el paisaje impuesto.*
>
> Manuel Ortiz

Otra vez la ciudad inhóspita me sucede,
con su escenario de ocasiones y de traición:
soy un recién llegado que camina
con la sombra del árbol, ausente y sin espejo.

De nuevo su fuerza de gravedad
me arrumba en un café
para morder la mesa, y me hallo como un vientre
de medusa, transparente y ambiguo,
expuesto a que cualquier azar me atrape
en caprichos, imán de sangre para las brújulas.

Tal vez, me digo, sea mejor salir ignorado,
cobrar la recompensa del olvido,
que no salpique el aire, que la noche me envuelva,
que los olmos emprendan su silencio.

Por suerte esa ciudad
nunca contó conmigo, yo lo sé,
y aún soy el viajero que podría
no haber estado allí.

Desde un hotel: paisaje de Manhattan

Ninguna ciudad ha puesto tanta
distancia entre el hombre y el árbol
Juan Ramón Jiménez

Por la ventana vi
el prestado paisaje y sin árbol que nos cedió el hotel
   (¿será el que corresponde al cuarto
      o el que quedaba libre?),
y contemplé su hechura,
    —silencio, montes de concreto, muros de nada,
      enjambres de reflejos en cristales,
        miniaturas andando por calles de juguete—,
luego asistí a mi extrañeza.

Como aquel mareo en un barco parado entre las olas
    fue incómodo el olor del escenario y su amenaza;
me pareció un traje usado que huye sin cuerpo
y evoca una presencia irreal:
   no sé si fue luz en forma de ventana,
    —sortilegio de una cámara oscura—
      o tal vez la solitaria terraza
      con sillas de madera,
      allá abajo, en la azotea del otro edificio.

Sobre todo, la gente, las historias
   que —como un cuerpo de anatomía, desplegable—
     se esconden tras los ojos claros del edificio;

o mi imaginación, sí, tal vez fuera
un juego desde niño, de poner
personas en los huecos,
 aunque los vanos crecen, y es difícil llenarlos.

Y asistí grave a mi inquietud: el aire
 de sombras alargadas, y las luces
  de farol que les daban caza.

Allá abajo alguien volvía.
 Entró con su fatiga, ardió
en la botella de cerveza, besó sus labios,
pronto ya se olvidaría de sí, y pensé:
  ¿Soñará en su viaje de sangre,
  preparará la cena, responderá mensajes?

La vista como una luna me aturdía,
creí que todo era una postal
 —por cortesía del hotel—,
y yo la enviaba lejos, —o quizá no tan lejos—,
con una nota para quien estaba a mi lado:
  un paisaje de mi árbol fugitivo
  en mitad de Manhattan.

Junto a mí (en Knightsbridge, Londres)

Aquí hay demasiados espejos para la desdicha
Wallace Stevens

Aquel que cree que soy detiene el paso
ante un escaparate y mira al otro, a su lado;
y se entretiene andando por un mundo
a dos haces, no sabe que es árbol fugitivo,
que vive sin raíces, viajando con la luna,
y siente un desapego que le sube
en forma de serpiente por sus ojos.

Después, sigue el paseo
en busca de su extraño caminar
por las calles sin trole ni raíles:
            «Ya ves, creí ser mi apariencia,
            y tampoco soy uno».

Pero el daño ya estaba hecho
    —ese injusto desprecio a sí mismo—,
y él se hundía siguiendo sus mustias pisadas
por los escaparates, con el asco del súbdito
que espera con paciencia una venganza.

Miraba a la muchacha de Vladivostov

Yo sé que he colgado de un árbol
balanceado por el viento
durante nueve noches enteras, herido por una lanza...
                                        La runa de Odín

Muchas veces me acuerdo, imagen fiera,
de esa muchacha, en Vladivostov,
        —decían las noticias, sin alma la pantalla—
colgaba del alfeizar, como el sauce
con sus hojas que tremolan al viento,
y el edificio en llamas y ella fuera,
resistiendo la sanción del vacío.

Multiplica su peso por segundos, pensé,
quiero creer que no duele, que no piensa,
        —la adrenalina es su mejor narcótico—,
pero quizá no es cierto, su cabeza
recorre las personas que la esperan,
tal vez sufre por ellas.

Y a veces yo también, en días sin cielo,
cuando siento el incendio de la vida,
me subo a una banqueta
y me cuelgo de una barra metálica
que tengo en el estudio, —la gimnasia
        era su fin, ahora en ella tiendo ropa—
y trato de pensar en esa joven mujer

aguantando como rama quebrada
que solo se une al sauce por la axila y
caigo al fin, desde diez metros de altura y
me hago suelo, mientras ella me abraza.

V

ANILLOS EN EL TRONCO

*El pasado se amontona
en un instante descuidado, se
enmarañan sus cuándocómos.*
                                  Juan Gelman

Propio horizonte

Veo cómo los árboles
se vuelven humo, nada.
José Corredor-Matheos

Dormida bajo un sauce, derribaba sus dudas
con pasteles, lisonjas y aquelarres.

   "Es cierto, —contestó—, pocos viven en su propio
                                        horizonte,]
            tan sólo en el de otros".

Por eso, cuando creyó que estaba ya llegando,
   —notó esa sensación de que algo se aproxima—,
pretendió no saber nada de sí,
   disimulaba lejos de su piel.

Porque nunca pretendió rendirse a la evidencia
   —la peor sin duda es la memoria que se nubla—
y así marchaba como si no se conociera.

Ajena a los hechos

Si estos árboles se echasen a andar,
destruirían todo lo que se opusiese a su paso
Octavio Paz

Fue solo la vida que sabe;
dejó una marca el tiempo, una muesca en su tronco,
justo donde termina el musgo del lado norte,
una extraña corona de emociones
en torno a lo que creyó que era la profecía:
   «Colgarán de tu cuerpo enredaderas».

Condujo su vehículo
hasta el cajero automático, sacó dinero,
fue recta por la carretera de los pantanos,
descansó en casa de unos amigos:
   «Te atribuirán palabras, tal vez hechos».

Abrió el paquete que le había llegado
de Turquía esa misma mañana,
¿es eso una equivocación?, "errores logísticos",
¿con cuatro años de retraso?
   «Te explicarán de forma que te rompe».

Acarició el monte de Venus de sus pómulos
y se empapó de lluvia, lentamente,

no supo responder a esa mirada
que tantas veces le convocó a su destino:
   «Nunca fuiste ni serás aquello que dijeron».

Ayer de bienvenida

Ya sólo ves la prisa de los árboles
viajando hacia el ayer.

William Ospina

"Tú vienes en el barco y no imaginas
el hambre que levantas si saludas
desde proa, mientras mueves el sombrero,
—enredo de unas hojas de palmera—,
aguantando con gusto el agua salpicada.

La piel bruñida y dura,
el lino blanco descerraja el aire,
siento que por fin vuelves, demasiado
esperar en un tiempo vano y sucio,
la tarde y sus motores te dan la bienvenida,
y yo..." quiero pensar, en el jardín,
que así fue en su mente, como un árbol que acoge.

He mirado la foto en la pared
del estudio, ya nadie puede estar
esperando en el muelle, hace más
de sesenta y dos años de ese día,
imagino un olivo que todavía insiste
en crecer de memoria,
parece que a través del aire llega el perfume
de sus cuerpos reunidos en silencio, de noche,
al alejarse el barco, con los dos en cubierta.

La música realmente

Swann no andaba errado al creer que
la frase de la sonata existía realmente.
Marcel Proust

Ha sido de una música a esta parte:
tejía un humo de tiempo perdido
cuando sonó en octubre,
dentro de aquel café.

Hay veces que sucede, sin quererlo,
alguien que te reclama un viejo sueño,
música de serpiente que se enrosca
en un tronco de roble, mordedura sin frutos.

Como el viento y la lluvia
esculpen tuerces, es así la música:
moldea la memoria, abre sus huecos,
archiva los instantes, los esconde
y los recobra:
tose el alma al oírla y
vuelve de pronto cuanto pudo ser.

Memoria para ciegos

Los árboles abrazan árboles
Luis Cernuda

Mientras tanto, los dedos, en la piel,
buscando la memoria, no se cansan
de interpretar su partitura.
                    Sueltos
sin parar, ya casi de sí se olvidan,
su cadenciosa danza, con temblor
de insecto, cuadricula con telares
de araña, en los lisos huecos de su tronco:
        de corazón lo aprehenden
        por misteriosos hilos.

Sólo así, cuando el frío sustituya
en el cuerpo a la compañía ausente,
un mapa indicará el camino recto
que imaginarios dedos debieran de seguir,
con tal de hallar los claros de aquel bosque,
el lugar decisivo del encuentro,
como un abrigo en la intemperie guarda.

El hermano de Tomas Hobbes

De lo que tengo miedo es de tu miedo
William Shakespeare

Corría el año mil quinientos ochenta y ocho,
la mujer del violento predicador de Malmesbury,
ante el rumor de la pronta llegada
de la armada española
a las costas inglesas, y del susto,
dio a luz, prematuramente, a dos seres iguales:
Tomas Hobbes y su miedo;
el primero sería para siempre
un perfecto reflejo de su hermano.

Él mismo lo escribió:
La codicia, el temor, la vanagloria,
son causa de la lucha de los hombres,
la paz requiere del poder supremo,
todas las voluntades sólo en una.

Tiempo después surgió, en defensa del poder,
el partido del miedo,
enarbolando las banderas únicas;
de vez en cuando se destapa y cruje
     —como un pinar por el que navega el viento—,
el suelo del desván en el que vive,
de allí sale su música:
el traje viejo de los fundamentos,

el cierre de fronteras,
la guerra preventiva,
la defensa a ultranza de los nuestros,
la infancia gobernante:
son los trucos de siempre;

los siguen carenando,
calafatean de brea las obras vivas,
los cascos de las naves,
    —cadáveres de pinos maltratados—,
para que nada de agua les penetre;

preparan la tripulación con férrea
disciplina que busca la victoria
contra el vil y enroscado Leviatán,
para hacer con su piel una gran tienda
que proteja a su pueblo.

Con el tiempo sabrán que el monstruo tiene los rasgos
del hermano gemelo del filósofo,
la piel dispuesta en capas que reflejan
la cara de quien mira.

Quitanieves

Subimos al verano en el árbol
Nos movemos sobre el árbol que se mueve
T.S. Elliot

Guardo, como un archivo de escasa utilidad,
la luz de los faros de un automóvil
que me arrastra a los campos,
las encinas hambrientas en mi cuerpo,
los ojos que capturan —a una velocidad
que nadie conocía hace un siglo—,
cada edificio, cada andén, o bien cada cara
    (como el Chevrolet de Pessoa que recitó Fran),
un tiempo que se fue, ya para siempre,
en medio de una voz que no recuerdo.

También guardo, de entonces (no sé si es un rencor),
las zanjas de las calles,
    los piropos soeces a María,
las flores que le crecen a los pájaros,
los pensamientos que se perdieron como humo
antes de que el castaño comenzara a sudar
en esa primavera.

Por lo demás, la suerte que vino
de esa parte del mar de China, ínfimo,
       —un virus que viajaba en diminutas esferas
    y que un huracán transportó a Chicago—,

llegó tras el verano, con la luna
sobre el lago Michigan, y sus filos
    que arañan como un gato de recuerdos.

Mi mente va juntando sombra y luz,
traslados y mudanzas, sueños cúbicos,
plátanos, prunos, nísperos y magnolias del parque,
viajes sin un camino de retorno,
y el archivo se agrieta en el invierno.

No porque la madera queme mal o arda bien
    cortada en luna llena,
pero al final pasamos sobre el árbol que se está moviendo:
una máquina quitanieves que insiste, y cruza
por las calles, borrando la memoria.

VI

HOJAS QUE CAEN

Las hojas comienzan a caer de los árboles,
y el frío oxida el borde de los ríos
y hace más lento el curso de las aguas;
(…) entonces,
ya se sabe,
es lo que pasa.

Ángel González

Perdido

Pero llegó un día
en que no supo qué hacer con todas las mentiras
que transitaban en los versos.

Mario Merlino

Por desgracia va siendo algo repetitivo
agacharte, —no es la primera vez—
y recoger del suelo las cuartillas;
puede ser el despiste
    —como las llaves que olvidaste en casa
    o aquella confusión con un extraño
        que creíste conocer—,
de arrojar sin orden las palabras que has escrito
y no reconocerlas, confundidas después
con los monstruos que habitan, como expertos
en volar —sin ser vistos— las regiones del piso.

Sin duda, una vez más, brota el momento sacrílego
de hundirse en un descenso de temores,
y encontrar una loncha, apalabrada y sucia,
de cuerpo escrito, cerca de no se sabe qué
lugar, quizá próximo al alma.

El mismo teléfono, otra casa

Todos se han ido. Duelen
los peces del silencio
por la casa vacía.

Manuel Ortiz

El mismo número de antes
     —siempre
  marcado con un hierro de la casa,
  aprendido en momentos de la carne
  comprimida y sin tregua, la voz ávida,
  el paladar tan seco—,
dice menos.

La infinita pasión,
el armario con ropas de otro instante,
la pesadumbre, titubeos, palabras,
el cuerpo recordado entre las manos,
la ansiedad con su nuca fría y densa.

Llega el amanecer
como un disimulado contador de los años,
y en el paisaje, un rostro sin defensa,
nadie lo mira, nadie lo recuerda,
un árbol aparece de su sombra
distinto a como fue,
más cielo y subterráneo;
la luz va encaminando el paso incierto,

el extravío de la casa vence en la carne,
su solución inmiscuida de tiempo
decide no volver, o peor, volver a donde uno
se sabe protegido,
cerrarse puertas, hundirse en su casa.

Hoy marca el mismo número
pero es distinto al otro lado, voces
con estrías y un futuro corto se oye,
el padre que no está, el aire cambia despacio
y como si chirriaran los goznes oxidados
se abren fotografías,
cajas de haya con un regalo dentro
y el ayer: un vestido apulgarado
que en intemperie alguna se ventila.

Mina rota

... ¡ay! son hojas desprendidas
del árbol del corazón.

Espronceda

La mina rota
   —que hasta ayer fue
  la punta de un lápiz hecho de cedro de incienso—
en su voraz destino, se acobarda
y arrincona, al lado de esas menudencias
   —clips, grapas y alfileres—,
al sur de un cenicero
que alguien trajo de Argel.

En su pulida superficie, ínfima,
luce un escardillo sobre el grafito,
y enciende los colores tan absurdos
de su inútil belleza.

A veces yo también, en este bosque de lunas
me siento singular, pequeña parte
desprendida de un ser
que algún reflejo deja en el olvido.

Suerte incusa

El poeta es un árbol
con frutos de tristeza.
Federico García Lorca

No tiene nada que ver con esos artesanos
que cortaban abedules hacia luna llena
a fin de hacer kaikus o collares para yeguas;
ni con lo que decía Juan en el río "que baja"
«ya está el hacha puesta a la raíz de los árboles».

Le pasa muy a menudo:
                    con el tiempo,
de tanto lanzar la moneda al aire, le vuelve
del lado de su cara no acuñada.

No le parece euro, ni libra,
cae el vaciado, brota de ahí la suerte incusa
que le enseña un abismo, su callado
escudo sin valor,
o tal vez los reflejos de la vida.

Fue lo mejor que le pudo pasar,
el sino que le burla con el hueco,
es su única respuesta: el vacío,
señal de un todo que le espera hoy.

Casi nada que decir

La charla exterior e insustancial es la mala palabra
que el Corán compara con un árbol malo

Martin Lings

Se reclinaba en el silencio gris de los árboles
que hablan; buscaba recibir su precisa paz
surgiendo de la honda voz callada.
¿Qué tendría que conversar cuando hay reflejos rotos?
Cierto que no, nada que hablar, palabra sin vida,
nada pendiente de decir de ayer,
sólo gimnasia de mantenimiento, piel mustia,
sobre los temas más absurdos vuela el sonido,
como un tacateo de cigüeña.

Llega el frío, el agua que se cuela por grietas
susurra a las raíces,
moja la tierra, y empapa un arenal de playa
densa, y pertinazmente, hasta el húmero,
sube a las escotillas de algún barco, el tiempo
no a salvo de mentiras y misterios.

¿De dónde parten las frases erróneas?
Casi nada que hablar, y, sin embargo,
        fruto quizá del miedo y el orgullo,
hay muy pocos que en este mundo callan.

Pequeñas cosas

Me detuve como un árbol
y oí hablar a los árboles.
Juan Ramón Jiménez

¿Como si no existieran? ¿A quién sirven?
Idénticas a un vano simulacro,
adormecidas en su piel de nube,
semillas, polen, brotes o vilanos,
morosas, impertérritas coristas,
pesadillas de escoba.

Como si los espejos despreciaran
su ser insignificante, despilfarro
sin columnas, sin sones de martillo,
advertidas por el árbol silente,
hechas para la mirada invisible,
minúsculas, ¿desprovistas de esencia?

No es fácil verlas, pero a veces saltan,
flotan en las piscinas de la luz
y secuestran los ojos un instante:
se distraen con la vida
del que se siente roto.

Soliloquios

… Y el árbol sólo de mi alma crece
raudo…
      Juan Ramón Jiménez

Sé que ya no veré lo que tú viste
en aquél otro día;

creo que saltan: recuerdos que nunca viviré
donde viejos lugares de luz tensa
  —regentados por almas que salpican—
borrarán las escenas para siempre;

echaré en falta tus camisas lentas
  —hartas de una triste ciudad sin árboles—
en la tarde de otoño;

  a partir de este instante no las leo:
  palabras confiscadas que se alejan
    con el rigor de la hora y su maleta.

VII

HENDIDO POR EL RAYO

Al olmo viejo, hendido por el rayo
y en su mitad podrido,
con las lluvias de abril y el sol de mayo,
algunas hojas verdes le han salido.

Antonio Machado

Desgarros

Ese cadáver que el año pasado plantaste
en tu jardín ¿ha empezado a brotar? ¿florecerá este año?

T.S. Eliot

En bandadas se acercan, parecidas
al humo de batalla —como heraldos
para el bien de los árboles que esperan—,
cubriendo el cielo; muestran jirones de vestidos
de la anterior ciudad, amenazando
con agruparse y asperjar la tierra.

Llegan nubes de invierno,
     —señales de una tarde proclive a lo interior—,
proponen ataviarnos
con esa indumentaria tan raquítica.

Alzan símbolos que nos amenazan
con el desasosiego
y la escasa esperanza en una paz
recia, que creímos firmada para siempre.

La red rota

Colgamos de lo alto de ramas
extrañamente entrelazadas.
R.M. Rilke

En alguna región desconocida
       —es una conjetura—,
traen las personas un amorfo y raro
entrevero, se funden las unas con las otras,
crean una mezcla de argamasa, un qué
de atados, una red de micelios subterráneos
    —como esos árboles unidos en obligada
    fraternidad, con sus ramas de abrazo,
    en algunos paseos de Burgos, donde se cierran
    como un túnel, y se abren en compartido cielo—.

Sólo de esa manera doy razón,
cuando lo que llamamos muerte —que en realidad
    escapa como una forma imposible—,
arrebata y altera la raíz sindicada,
y rompe el gobierno y la paz de los que quedan.

Sólo así, cuando veo el abandono,
comprendo sus estragos:
    una mirada de alma hecha jirones.

Pregunta sin respuesta

Trato de contestarte a «¿cómo será morir?»:
de noche y sin estrellas,
un hambre que viene del interior,
un valle donde el frío zanja la soledad.

Tu pregunta, ya desde entonces, fue mi obsesión,
escapó de la playa fría de tus cuatro años,
y parecía una broma.

¿Cómo será morir?
Pienso en algunos poetas, como Esenin,
con un gesto de vida,
en Neruda o Machado, de tristeza sin fin.

Ahora esa pregunta me recuerda
que tampoco te libras
—entre la eternidad
        de tu infancia—,
había olvidado
que eras mi semejante,
estrella de mis ojos,
y me pregunto,
inquieto y extraño,
    ¿en qué lugar de tu vida,

en qué instante perdido de la tierra,
en la casa de quién o a qué raso,
cuando intentes pensar no importa en qué,
te llegará —igual que a mí
ojalá ya me haya llegado— su fiebre mineral
como un trozo de peldaño frío
entre los ojos, y te conducirá, feble y tranquila,
hacia espacios de luz de otra memoria?

Junto a su propio árbol

Porque soy como el árbol talado, que retoño,
porque aún tengo la vida.

                                    Miguel Hernández

Lo natural sería
que mientras cargo plomo y lluvia en las espaldas
    —agujeros que pesan como el hambre—,
con el transcurso de los años —beben
                        todo lo que segregan—
                                    y el azar,
me llegue la alegría, fiel nodriza,
recordando a mis padres junto a su propio árbol.

Larga campaña

Si dejo de sentir, si me transformo
para la piedra, el sueño o el árbol
    de vida que me crece para siempre,
no entiendo,
                    ¿cómo puedo olvidar
que cada instante es una despedida?
                            Suena el hueco,
y en ocasiones su campaña es larga;
lo oigo en el silencio, va llenando
de niebla la quietud.

Tengo que aprender el tiempo lento de la ausencia,
me digo, tendré que enseñar a los que quedan
el clima de la sombra del cerezo,
el color de los ojos en la obscuridad
y la estancia vacía, seguiré
el camino del árbol solitario.

Hacia la luz

Es difícil el descenso hasta Dios.
R.M. Rilke

Crece la ausencia igual que un gran derrumbe,
no consigo los árboles sin fuerzas
    —a veces caen y otras veces se van—,
el tiempo deja un sabor de peso en el cuerpo
y aparecen las grietas,
como zanjas de obra o trincheras de guerra.

La tierra, entonces, se ablanda insoportablemente
                              blanda]
entre su obscuridad, baja los ojos
y huye el árbol dejando tras de sí
huecos que no se nombran:
le dicen que quien busca
cada vez más se hunde hacia una luz que no se alcanza.

Al final

Toda historia acaba cuando es contada.

María Zambrano

Al final, uno vuelve
a recibir en paz
    —en la orilla de los primeros días—
bien el perdón o el olvido,
a que le cuenten qué ha sido de él,
quién fue, y a quién dejó ya para siempre.

Y acude al árbol, dentro y quieto —fue su testigo—,
y lo bendice, también a su propio pasado,
incluso el más abominable,
todo aquel tiempo imposible le dio vida y cárcel:

sin condición, logra la libertad del ayer,
por miles de minutos, por los reflejos ciegos,
también por el silencio o las palabras,
y por haber amado, incluso el más triste,
cada instante que fue.

El árbol fugitivo

I. JUNTO AL TALLO DE LA MAÑANA

Amanecer 11
Mañanas de mañanas 12
Breve ilusión de un día 14
El cuerpo en otro inicio 15
Presentimiento 16
Nudo de red 17
La mirada crece en el árbol 18

II. RAMAS EN EL AGUA

Escena en la playa de Torrenueva 21
Apenas sin propósito 22
Respiración 23
Higuera frente al mar 24
Consciencia y medusas 25
Tentación en el agua 26
Canción de quien mira hacia atrás 27

III. INJERTOS DE MADRID

En el parque del Oeste 31
Libro y cita 32
Modelo sobre la pasarela en Joy Eslava 34
Crónica del viejo Madrid 35
Cruce sin paso en Atocha 37
Peluquería de Chamberí 38
Descartado en Usera 39

IV. RAÍCES AÉREAS

"Anclao en París" (tango) 43
Notas en Ljubljana 45

Barra de bar (*en Asia de Cuba, diseñado por Philippe Starck, en Londres*) 46
Apuntes del Indian Café (*en Boulevard Montmartre*) 47
Desde un hotel: paisaje de Manhattan 48
Junto a mí (en Knightsbridge, Londres) 50
Miraba a la muchacha de Vladivostov 51

V. ANILLOS EN EL TRONCO

Propio horizonte 55
Ajena a los hechos 56
Ayer de bienvenida 58
La música realmente 59
Memoria para ciegos 60
El hermano de Tomas Hobbes 61
Quitanieves 63

VI. HOJAS QUE CAEN

Perdido 67
El mismo teléfono, otra casa 68
Mina rota 70
Suerte incusa 71
Casi nada que decir 72
Pequeñas cosas 73
Soliloquios 74

VII. HENDIDO POR EL RAYO

Desgarros 77
La red rota 78
Pregunta sin respuesta 79
Junto a su propio árbol 81
Larga campaña 82
Hacia la luz 83
Al final 84